新見古璽印譜

亂璽集

呂蘊乾 輯 肖毅 編著

長江出版傳媒·崇文書局

目次

猲𢙇厶羿（旗） 一
韓售（雖） 二
鄭纕 二
口敀 三
口俛 三
口生門 四
公孫生邦 四
鄦（夷）吳（吾）胺 五
喬謹 五
邦朏 六
王口信璽 六
口蓄 七
閭丘棱 七
五榆司寇 八
長慼 八
邔（范）處 九

郏錢 九

郭戲 一〇

恒褭 一〇

藿遛 一二

習紹 一二

事瘣 一三

每(魏)赤 一三

鄧紳 一三

庚畀 一三

肖(趙)武 一四

肖(趙)𥪰 一四

周輎 一五

郭誋 一五

苦國館 一六

司馬邦坏 一六

司馬得 一七

在(菑)丘閈 一七

柔多(多柔)瘁 一八

成功(公)寵 一八

弔(叔)隋 一九

司徒子 一九

昌在 二〇

敬張(長) 二〇

旂(旗)在(士) 二一

口口心王 二一

巳行亡曲 二二

宜千金 二二

口口口 二三

龍市出鉩 二三

西倉之鉩 二四

足束之里 二四

士牘 二五

口菄行士 二五

逯米 二六

楚口鉩 二六

黃亡數信鉩 二七

盛𡑆 二七
臧亥 二八
須𡶇䗃 二八
盤胎 二九
縢亭 二九
王之金 三〇
萬金 三〇
审鉨 三一
台 三一
摰丞之印 三二
冢府 三二
戎臣 三三
莊叚 三三
成之 三四
敦狐 三四
樊乙 三五
耿丹 三五
郭慶 三六

侯不御 二六
焦喜 二七
胡慶 二七
降朱 二八
樛魁 二八
靈疾 二九
泠宛青 二九
路瘁 四〇
呂始昌 四〇
任駟 四一
石僕 四一
田嬰 四二
王難 四二
王錡 四三
王騷 四三
王口 四四
魏弱 四四
徐讓 四五

張楬 四五
張禹 四六
趙角 四六
鄭午 四七
朱博 四七
鄐偃 四八
白羊得 四八
赤張（章）滕 四九
公孫遂 四九
公孫賢 五〇
公行旻印 五〇
司馬安 五一
司馬卬 五一
吾丘常山 五二
中山詘 五二
陳嫛 五三
馮佗 五三
傅尪 五四

弓拾　五四
郭未　五五
郭夭　五五
桓疾目　五六
毛瘣　五六
潘摯　五七
戚鬻　五七
任成　五八
桑不害　五八
尚右車　五九
王奇　五九
王弈　六〇
脇不貫　六〇
徐勉　六一
徐啇　六一
楊吉　六二
楊夸　六二
陽巳　六三

皋強　六三
張賸　六四
東野僕　六四
公孫興　六五
五鹿高　六五
成空（功）眉　六六
檻陽福　六六
閭丘武印　六七
般何　六七
殷乙　六八
張隂　六八
不識　六九
丁逐　六九
東柏　七〇
段訢　七〇
耿交　七一
耿佗　七一
公潘　七二

公虔 七二
筍邦 七三
韓謷 七三
何黠 七四
家更 七四
賈闕 七五
焦徼 七五
救瑣 七六
李騊 七六
呂胡傷 七七
呂忌 七七
呂粲 七八
馬平 七八
女但 七九
任申 七九
王棄 八〇
王荼 八〇
行周 八一

楊貆 八一
趙羝 八二
趙去 八二
趙夭 八三
左丹 八三
左魋 八四
枯成鄐 八四
上官禽 八五
蓋參 八五
口詘 八六
干種 八六
癸吳 八七
李駔 八七
青顏 八八
桃吠 八八
王改 八九
尹矞 八九
衷措 九〇

張穀印 九〇
李士 九一
張愿 九一
上官衍 九二
王豹·始昌 九三
思言敬事 九四
相教 九四
如意 九五
清（精）中 九五
獲 九六
綠 九六
莞印 九七
為 九七
口 九八
冢壐 九八
暴 九九
倉嗇夫印 九九
傳舍 一〇〇

昌成里印 一〇〇
穎川太守 一〇一
軍曲候印 一〇一
軍司馬印 一〇二
尊寵里附城 一〇二
挌虜男家丞 一〇三
東南三老 一〇三
建安長印 一〇四
軍司馬之印 一〇四
熒（滎）陽 一〇五
灅水 一〇五
錢府 一〇六
中馬府 一〇六
酸棗倉 一〇七
濟北衛丞 一〇七
武猛都尉 一〇八
左將別部司馬 一〇八
君昌唯印 一〇九

漢休著胡佰長　一〇九
關中侯印　一一〇
立義尉印　一一〇
別部司馬　一一一
將兵都尉　一一一
部曲將印　一一二
虎步叟搏司馬　一一二
魏率善傁邑長　一一三
魏率善氐佰長　一一三
魏率善胡佰長　一一四
魏率善氐邑長　一一四
武猛都尉　一一五
部曲督印　一一五
騎部曲督　一一六
騎部曲將　一一六
廣武將軍司馬　一一七
殿中中郎將印　一一七
殿中司馬督印　一一八

晋歸義羌王 一一八
晋盧水率善佰長 一一九
晋高句驪率善邑長 一一九
晋率善氐仟長 一二〇
晋鮮卑率善佰長 一二〇
晋夫餘率善邑長 一二一
晋屠各率善仟長 一二一
將兵都尉 一二二
巧工都尉 一二二
殿上將軍章 一二三
揚武將軍章 一二三
武勇司馬 一二四
永陽令印 一二四
樂平單祭酒會延壽印 一二五
周固之印 一二五
淳于時印 一二六
臣當 一二六
邴勉印 一二七

操都 一二七

程置其印 一二八

讎延私印 一二八

褚君須 一二九

從博 一二九

戴福之印 一三〇

刀倚宮印 一三〇

鄧羆軍印 一三一

丁路信印 一三一

董久樨印 一三二

董翳 一三二

段況私印 一三三

范憲私印 一三三

馮富國印 一三四

馮相 一三四

郭未央 一三五

郭巷 一三五

郭柱私印 一三六

郭口私印 一三六
華鳳私印 一三七
桓偃 一三七
皇尚印 一三八
會毋疾印 一三八
冀昌 一三九
江莊私印 一三九
鉅鹿鄡劉峻宣艾印信 一四〇
孔貴卿印 一四〇
琅邪莒高閣子臺私印 一四一
文君敬 一四一
李辟死 一四二
李周私印 一四二
聊勝 一四三
劉員之印 一四三
僂𢉄私印 一四四
路常成 一四四
路憲之印 一四五

呂安之印 一四五

駱信 一四六

莽萬歲印 一四六

硯長卿印 一四七

丘宣印 一四七

庶明私印 一四八

蘇戎私印 一四八

孫讙私印 一四九

孫口私印 一四九

桃祀私印 一五〇

滕宗之印 一五〇

王安之印 一五一

王驩 一五一

王衛私印 一五二

王襄 一五二

王宗私印 一五三

王寬私驗 一五三

文霸 一五四

吳陽私印 一五四
夏幼君印 一五五
解敬 一五五
邢長樂 一五六
徐宗 一五六
燕廣昌 一五七
楊印之印 一五七
楊大君 一五八
楊護 一五八
尹君耐印 一五九
于建私印 一五九
于萬歲印 一六〇
禺弘私印 一六〇
垣建私印 一六一
張病已印 一六一
張不意 一六二
張反 一六二
張蓋私印 一六三

張廣私印 一六三
張疆 一六四
張累印 一六四
張利親印 一六五
張喜 一六五
張宣君印 一六六
趙翊 一六六
張眾之印 一六七
張震私印 一六七
趙眛 一六八
趙未央 一六八
趙由之印 一六九
趙□□ 一六九
中陽私印 一七〇
周仁私信之印封完 一七〇
鑄喜 一七一
祝平安印 一七一
莊福私印 一七二

莊仁私印　一七二
莊武　一七三
左棣之印　一七三
左充私印　一七四
沃仁印　一七四
淍口私印　一七五
北門慶印　一七五
成功豐印　一七六
淳于秋印　一七六
公孫君仲　一七七
無婁嗣印　一七七
毋丘延年　一七八
胥于饒印　一七八
於丘立印　一七九
丁孫普印　一七九
繇余　一八〇
段兄　一八〇
郭如虛　一八一

崔業印信 一八一

魯賜 一八二

霍寬印信 一八二

口舉私印 一八二

口玉信 一八三

史日千万 一八四

張宮 一八四

王子勢 一八五

孔孝之印 一八五

路守私印 一八六

石延年印 一八六

張合讙 一八七

朱異印 一八七

侯長公·侯青首 一八八

甯後來·臣後來 一八九

蘇釋之印·蘇幼公 一九〇

張武強印·臣武强印 一九一

趙偃·趙仲翁 一九二

周徹夫·周長君印 一九三
竺織素·妾織素 一九四
莊畢之印·臣畢 一九五
公冶罷印·公冶踦印 一九六
司馬生印·臣生 一九七
夏侯長壽·臣長壽 一九八
中央賜·臣白 一九九
營視·公孫（肖形） 二〇〇
益壽延年唯此信印 二〇一
日利（肖形） 二〇一
日利 二〇二
大利千万 二〇二
合歡 二〇三
宜子孫 二〇三
嘉 二〇四
蕙卿 二〇四
黼 二〇五

𤞣悳厶羿（旗）

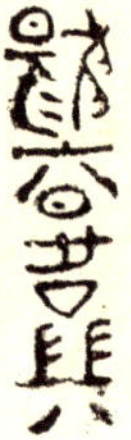

韓雟（雝）

鄭纕

□敂

□倞

口生門

公孫生邦

彝(夷)吳(吾)朕　喬謹

郏朏

王口信璽

口蕾

閬丘棱

五榆司寇

長恩

郘(范)處

郣餞

郭戲

恒裹

藿遛

召紹

事[illegible]

每（魏）赤

二二

邽坤

庚畀

肖（趙）武

肖（趙）[illegible]

周輸

郗誌

苦國餡

司馬邦埣

司馬得

在（菑）丘閈

柔多（多柔）瘁　　成功（公）寵

弔(叔)隋

司徒子

昌在

敬張（長）

旂（旗）在（士）

口口心王

正行亡曲

宜千金

口口口

龍市出鉨

酉倉之鉩

足束之里

士廣

口萊行士

迷米

楚口鉩

黃亡戳信鉩

盛腏

臧亥

須屿膣

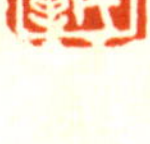

盘胎

滕亭

王之金

萬金

号

將史

摰丞之印

冢府

戎臣

莊段

成之

敦狐

樊乙

耿丹

郭慶

侯不御

焦喜

胡慶

降朱

樛魁

靈疾

泠宛青

路庠

吕始昌

任駟

石僕

田嬰

王難

王錡

王騷

呈口

魏弱

徐讓

張楊

張禹

趙角

鄭午

朱博

郾偃

白羊得

赤張（章）滕

公孫遂

公孫賢

公行是印

司馬安

司馬印

[illegible]

[illegible]

陳嫛

馮佗

傅任

弓拾

郭朱

郭夭

桓疾目

毛瘣

潘摯

戚鬻

任成

桑不害

尚右車

王奇

王弈

脇不貫

徐勉

徐商

楊吉

楊夸

陽已

皋強

張滕

東野僕

公孫興

五鹿高

成空（功）眉

檻陽福

閭丘武印

般何

殷乙

張隂

不識

丁遜

東柏

段訢

耿交

耿佗

公潘

公虔

笱邦

韩謷

何黠

家更

賈闕

焦徼

敉瑣

李駒

呂胡傷

呂忌

女但

任申

王棄

王棨

行周

楊铤

趙羝

趙去

趙天

左冊

左魁

桔成鄰

上官禽

蓋參

口詘

千鍾

癸吴

李駔

青顏

桃吠

王攺

尹裔

惠耤

張轂印

李士

張愿

上官衔

王豹·始昌

思言敬事

相教

如意

清（精）中

獲

綠

口

冢璽

暴

倉嗇夫印

傳舍

昌成里印

穎川太守

軍曲候印

軍司馬印

尊寵里附城

格虜男家丞

東南三老

建安長印

軍司馬之印

荥（滎）陽

灅水

錢府

中馬府

酸棗倉

濟北衛丞

武猛都尉

左將別部司馬

君昌唯印

漢休著胡佰長

關中侯印

立義尉印

别部司馬

將兵都尉

部曲將印

虎步叟搏司馬

魏率善佽邑長

魏率善氐佰長

魏率善胡佰長

魏率善氐邑長

武猛都尉

部曲督印

騎部曲督

騎部曲將

廣武將軍司馬

殿中中郎將印

殿中司馬督印

晉歸義羌王

晉盧水率善佰長

晉高句驪率善邑長

晉率善氐仟長

晉鮮卑率善佰長

晋夫餘率善邑長

晋屠各率善仟長

將兵都尉

巧工都尉

殿上將軍章

揚武將軍章

武勇司馬

永陽令印

樂平單祭酒會延壽印

周固之印

淳于時印

臣當

邴勉印

操都

程置其印

𠑃延私印

褚君須

從博

戴福之印

刁倚宫印

鄧羆軍印

丁路信印

董久樨印

董翳

段況私印

范憲私印

馮富國印

馮相

郭未央

郭巷

郭柱私印

郭口私印

華鳳私印

桓優

皇尚印

曾毋疾印

冀昌

江莊私印

鉅鹿鄡劉峻宣艾印信

孔貴卿印

琅邪莒高閣子臺私印

文君敬

李辟死

李周私印

聊勝

劉員之印

僂廣私印

路常成

路憲之印

呂安之印

駱信

莽萬歲印

硯長卿印

丘宣印

庶明私印

蘇戎私印

孫誰私印

孫口私印

桃祀私印

滕宗之印

王安之印

王驩

王衛私印

王襄

王宗私印

王寬私驗

文霸

吳陽私印

夏幼君印

解敬

邢長樂

徐宗

燕廣昌

楊卬之印

楊大君

楊護

尹君耐印

于建私印

千萬歲印

禹弘私印

垣建私印

張病已印

張不意

張反

張蓋私印

張廣私印

張彊

張累印

張利親印

張喜

張宣君印

趙詡

張眾之印

張震私印

趙眛

趙未央

趙由之印

趙□□

中陽私印

周仁私信之印封完

鑄喜

祝平安印

莊福私印

莊仁私印

莊武

左棣之印

左宂私印

沃仁印

凋口私印

北門慶印

成功豐印

淳于秋印

公乘君仲

無婁嗣印

毋丘延年

胥于饒印

於丘立印

丁孫普印

繇余

段兄

郭如虛

崔業印信

魯賜

霍寬印信

口舉私印

口玉信

史日千万

張宫

王子勢

孔孝之印

路守私印

石延年印

張合讙

朱巽印

侯長公·侯青首

甯後來 · 臣後來

蘇繹之印·蘇幼公

張武强印 · 臣武强印

趙偃・趙仲翁

周徵夫 · 周長君印

竺織素·妾織素

莊畢之印·臣畢

公冶罘印·公冶蹄印

司馬生印 · 臣生

夏侯長壽·臣長壽

中央賜 · 臣白

營視·公孫（肖形）

益寿延年唯此信印

日利（肖形）

日利

大利千万

合歡

宜子孫

彭寰

業

圖書在版編目（CIP）數據

亂蓋集 / 吕蘊乾輯；肖毅編著. -- 武漢：崇文書局，2024. 12.
（新出古璽印集存）. -- ISBN 978-7-5403-7831-8
Ⅰ. G262.1
中國國家版本館 CIP 數據核字第 2025LV4611 號

出品人　韓　敏
責任編輯　申　菲　肖　月　李濟滄海
責任校對　董　穎
責任印製　馮立慧
書名題字　金　文
釋文書寫　胡蘊陽
裝幀設計　一　塵

出　版　者　長江出版傳媒　崇文書局
湖北省武漢市雄楚大道 268 號 C 座 11 層
印　製　者　武漢精一佳印刷有限公司
開　　　本　100mmX160mm　1/48
印　　　張　4.875
字　　　數　50 千字
版　　　次　2024 年 12 月第 1 版
印　　　次　2024 年 12 月第 1 次印刷
書　　　號　ISBN 978-7-5403-7831-8
定　　　價　128.00 圓

亂蓋集

呂蘊乾 輯
肖毅 編著

考釋·後記

前言

魏宜輝

蕭毅先生編、呂蘊乾先生輯《亂蓋集》一書終於付梓。這部印譜收録了呂蘊乾先生輯的戰國、秦、漢璽印400餘方，内容涵蓋了官印、私印、成語印、單字印。收到樣書，我匆匆翻閱了一下，從璽印文字中發現一些值得關注的問題。

《説文·宀部》：『完，全也。从宀、元聲。古文以爲寬字。』對於『完』字形義的説解，目前學界仍沿襲《説文》的説法。在出土文字中，我們能見到的最早的『完』字是出自睡虎地秦簡。除了秦簡外，其他各系戰國竹簡中都未見有『完』字。在楚簡中，『完備』之『完』這個詞則是由『卷』字初文『𠔉』來表示。《亂蓋集》第97頁收録有秦印『莞印』，其中『莞』字的寫法讓我對『完』字的構形有了新的認識。

此字所從的『』旁我認爲并非『完』，更像是『冠』字异體。『冠』字從冃、從元、從又（加飾點變作『寸』），象手持帽子置於頭上。但這是『冠』字較晚的構形，古文字中的『冠』往往寫作『完』，不從『又』，僅從冃從元，如『』（包山楚簡259）。中山王方壺銘文『胄』字寫作『』，其下部亦從『完（冠）』。與楚系寫法不同，中山王方壺

「冑」字所從「」旁的「冃」「元」兩部分形成共用筆畫。「」旁與中山王方壺「冑」字所從「完（冠）」旁的寫法顯然是一致的。考慮到秦文字中的「冃」旁往往又寫作「宀」形，「完」最終變作「完」形似乎也是必然的。而從讀音上看，「完（冠）」古音爲見母元部字，而「完」爲匣母元部字，二者的關係是非常密切的。因此，我懷疑「完」字就是「完（冠）」的假借分化字。「冠」字早期寫法作「完」，而「冠」形寫法較晚才出現在秦文字中。這顯然是爲了與「完（完）」在字形上有所區分而在字形上添加「又」旁。這也很好地解釋了在睡虎地秦簡之前没有發現「完」字的原因。

秦漢時代的複姓和雙字名經常會出現同姓异寫和同名异寫的情況，這些爲我們了解秦漢時代的用字提供了寶貴的資料。《亂蓋集》第49頁收録有秦私印「赤張賸」。「赤張」很明顯是複姓「赤章」的异寫。「張」「章」二字音近可通。秦將「章邯」，北大漢簡《趙正書》簡47作「張邯」。

複姓「赤章」在璽印中多見，但作「赤張」者目前僅此。

《亂蓋集》第88頁收録有秦印「青頞」。秦漢人名中多見有以身體特徵爲名的例子，如「青肩」「青臂」「青北（背）」「青首」「青拳」「青跗」等，這些名字指的是在身體的這些部位長有青色的胎記。據此，我認爲「青頞」之「頞」應該也是指人體的某一部位。從讀音上分析，「頞」字有可能讀作「喙」。「喙」本指鳥獸的嘴，也可以指人嘴。「青頞（喙）」即指嘴旁長有青色胎記。漢印中有「青決」之名，如「鐘青決·蘇猜（青）決」

（《十鐘山房印舉》17·45）。『青決』也有可能讀作『青喙』，與『青顙（喙）』屬於同名异寫關係。

有時璽印文字中也會出現誤寫，這對我們全面了解古人的書寫情況也是很有價值的材料。《亂蓋集》第107頁收録有漢官印『酸棗倉』。『酸棗』爲地名，西漢屬於陳留郡。在印文中『棗』字所從二『朿』由上下結構變作左右結構，從而與『棘』字形成同形字。這種情況顯然是製印者爲了使印文文字諧調美觀而改變字形結構。今後編寫璽印文字編的學者需要注意不要將此字誤作『棘』字。

一部印譜的價值主要體現在璽印文字的研究價值。《亂蓋集》所收璽印顯示出極高的研究價值，值得學者們關注探討。

二〇二四年七月十六日

《亂蓋集》複姓述考

蘭笑揚

《亂蓋集》收録了亂亂居主人所藏諸家古璽印蜕數百品，所輯複姓甚多，不乏稀見新見者。今擇書中『成功』複姓，試作考釋，以求正於方家。

本書輯録有漢印『成功豐印』。漢人喜以『豐』爲名，故知『成功』爲複姓。漢印另有『成功慶印』『成功脩印』『成功萃·臣萃』『成功偃·成功子春』『成功勝之·臣勝之』，《隸續·繁陽令楊君碑陰》有『成功連』

「成功宜」「成功豫」，西北漢簡有「成功彭祖」「成功直」「成功賞」，皆以「成功」爲氏。

又，《亂蓋集》有秦印「成空眉」。根據印文排布可知「成空」爲複姓。此複姓尚屬首見。秦印另有複姓「成工」，見「成工奢」印。複姓「成功」「成空」「成工」當屬同詞異寫的關係。「工」「空」「功」聲符相同，音近可通。

古姓氏書對「成功」得姓源流的敘述大抵相同，《姓觿》引《姓源》：

「禹治水告成功，後因氏。」《萬姓統譜》：「成功，禹治水成功，少子遂以爲姓。」按：此説穿鑿附會，殊不可信。以聲類推之，「成功」「成空」「成工」當讀爲「成公」。「工」聲、「公」聲古相通，如複姓「公孫」或作「功孫」，「公上」或作「工賞」，「工師」或作「公師」，「空桐」或作「容侗」。敦煌變文《韓朋賦》：「成功素女，始年十七，名曰貞夫。」「成功」，別本作「成公」，亦其證。

「成公」，源自先秦君主謚號。《通志·氏族略》：「成公氏，姬姓，衛成公之後，以謚爲氏。」《古今姓氏書辯證》引《編古命氏》：「出自姬姓，周昭王子成公男之後。」需要補充的是，先秦時晉、魯、齊、鄭、陳、宋等國皆有謚稱「成公」的君主，故「成公」複姓很可能不僅出自衛室或周室。《盛世璽印録》有「莊公彤印」，「莊公」當是複姓，姓書收有『桓侯』『成王』『威王』等複姓，均與『成公』相似。

以『成公』爲氏者習見於傳世古書，春秋時有『成公乾』（上博簡作『城公⿰𠦝丸』），漢有『成公敞』，魏晋有『成公綏』『成公段』。《亂蓋集》收録有戰國三晋璽『成公寵』，秦漢璽印則有『成公耤』『成公琌』『成公光印』『成公勝之·成公綰臣』『成公右乘·臣右乘』，《張猛龍碑》有『成公興』。或寫作『城公』，如漢印『城公登』。

綜上，源自謚號的複姓『成公』共有『成公』『成功』『成空』『成工』『城公』五種异寫。《亂蓋集》新見『成空』這一寫法，爲姓氏研

究提供了寶貴的資料。而『成空』『成功』從字面上看，含義完全相反，却又都以『成公』爲本，種種演變，頗爲有趣。

亂蓋集後記

呂蘊乾

『一屋不掃何以掃天下』，自小縈繞在耳邊的話語，偶爾夾雜棍棒的伺候。然而心似乎一直飄在天際，兒時幻想做科學家，如今痴迷收藏，却始終未曾著眼當下。任亂而亂，居亂不厭，遂得亂亂居之號。

兒時回村探親，偶爾能撿到一些碎磚碎瓦，據説是戰國遺物，歲月的傑作令人着迷。堂哥無隅主人同好古，閑時常共游古玩市場。稍長些，至廣州讀書，偶然接觸印章，指尖之物却蘊含大乾坤，着實有趣。經頤

奩與沽奩引路，始知漢印與三晋小璽。彼時古印交流活動層見叠出，珍罕之物頻頻現世，大開眼界。然古印文字釋讀困難，經七砣平房劉凱老師启發，開發『古印薈萃』微信小程序以實現僅知部分偏旁部首而查到所有可能字的功能。後不斷更新優化，陸續收録印章資料八萬餘條。接觸愈久，愈愛古璽，工作之餘于『古代印章博物館』公衆號陸續發表戰國五係印、官印、玉印、銀印、封泥、原鈐印花系列文章，計三十餘篇。數年前行，結識諸多好友，常共同交流探討古璽印。但有些困惑難以破解，記録于此，待後再看。

——周代及春秋時期印章为何如此之少，是否確切與印章隨葬風俗有關。

——戰國係印章數量，晋＞楚＞燕＞齊，其原因是否與滅亡順序有關。

——晋係印多朱文，封泥效果不明顯，除用于封泥是否還用于他處。

——帶朱印的楚錦帛的出現説明戰國已經開始使用印泥，为何秦漢却很少見印泥的使用。

——戰國及秦代金印極其稀少的原因是什么。

——戰國秦印、秦代印、秦末漢初印的區分標准是什么。

——为何卷邊印多出現于秦印。

——戰秦漢封泥歷經千年不裂，除了灼燒陶化之外，製作工藝及添加物質如何。

——戰秦漢封泥收縮較大，2.3cm 的官印，泥上尺寸 1.9cm，何解。

——秦漢封泥中帶『長』的較少，『丞』『尉』較多的原因是什么。

——封泥、泥封讀法究竟哪個是對的，亦或是其他。

——戰漢印坯中印鈕有的開孔有的未開孔，另有印坯中空的，當時的鑄造工藝及規範是什么。

——印鈕的朝向與文字朝向垂直或平行是否有確切的規定。

——印章中偶有見複姓簡化的現象，這是否可以說明些什么。

——西漢、東漢印章如何區分，何時可以建立起一套可供參考的標准。

——漢穿帶印中偶見 2.5cm 巨印，套印曾見 3.3cm 巨印，私印製造的規範是什么。

——魏晉時期的封泥緣何斷崖式地變少。

——魏晉南北朝私印稀少原因。

——隋唐宋私印稀少原因。

——押印多有同款，如何起到鑒權作用，是否用法與絲印相似。

——各地古璽印銹色特徵，何時有一套完整的書籍闡述。

古印之美不僅在于時光的雕琢，亦在鈐蓋之後躍然紙上的方寸天地。

與象徒館、吉堂同遊，陸續集得千品古璽印原鈐印花。每每翻看，常有迷花倚石忽已暝之樂。此次將所藏諸家印蛻集結出版，以饗衆師友。

最後，感謝蕭毅老師編輯，魏宜輝老師作序，藺笑揚兄考釋複姓印，張俊傑兄拍攝。

後記

肖毅

四月初開始編輯，主要工作就是去僞、分類排序、釋文。

本譜大體據時期、地域、性質、形製等類聚。首先分爲戰國、秦、漢魏南北朝、隋唐以後等四個時期。其中戰國時期分有燕、齊、晋、楚四系；秦印中有些可能屬於西漢早期，與秦印較難分辨，暫歸在秦印。其次根據性質分爲官、私、成語、自名、單文等五類。再次根據印面形製類聚。

釋文採用寬嚴結合的方式，盡量少造新字形。

南京大學魏宜輝先生，不僅賜序，還審閱全稿，提出了很多寶貴的修改意見，在此表示衷心的感謝！

致謝

稍可軒
隱雲齋
扶風閣
安廬
象徒館
鑒印山房
椿農堂
鐵齋

手抖齋
謙益齋
平湖璽印博物館
九山居士
涣庵
和齋
樊信齋
大覺堂

寶寶堂
廿池齋
無用堂
淳堂
讀易草堂
長樂居士
魔印堂
禹社《輯古印存》
一齋
聚賢堂
盛世

掃碼查看璽印歸屬